JN409145

피어나라,
피어나라

김 순 향 시집

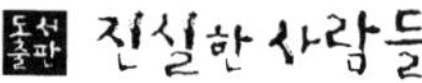

| 시인의 말 |

소녀의 꿈, 오랜 시간 흐른 후에야
뒤돌아보니 못다 한 아쉬움들
또 다른 그리움이었고 정이었음을
두 손 모아집니다.

아직도 못다 그려서 허전한 마음
소중한 인연들 소홀히 했을 것에 대한 미안함
꿈을 피우기 위해 이 무대에 서 주신 님들께
부족한 글들 여기에 실어놓고
주님께 감사드립니다.

앞으로
여러분과 좋은 친구가 되어
행복의 꽃이 모락모락 피어날 수 있도록
쉼 없이 다가가겠습니다.
감사합니다.

2023년 초여름
김 순 향

차 례

2부 빈집 홀로 두고

3부 느티나무는 즐거워

4부 꽃도둑들에게

5부 오래된 벽돌집

1부

시 쓰는 마음

시계 앞에 계획 짜기

지구는 돌아가고 있다고
째각째각 시계 앞에 계획 짠다
약속 시간 맞추어 조급한 마음
아침 눈곱 첫 인사 동그란 시계
거울 속 얼굴 뒤로 하고
헝클어진 젖은 머리
자꾸 시계한테 눈 맞춘다

해 달 별 신비 속으로 가도가도
한치 오차 사정없이 돌고돌아
가는 시간 잡지 못해 침묵
시계 모두 잠들어 야단법석
한 정신 두 정신 서로 네 탓이라고
제 시간 똑닥똑닥
기적 속에 사는 바쁜 하루

피어나라, 피어나라

있는 듯 없는 듯 아무도
모르게 왔다가 말 것에 대하여
보는 것만으로 듣는 것만으로
아는 체 다 못하고
와버린 소원했던 미안함
그저 그렇게 두면 그저 그렇게
허무했을 것을

살짜기 살짜기 흔들어 주었더니
살며시 잡은 펜대 위에 글 속으로
들어와 남겨진
그때부터 꿈틀대는 소중한 주인공
잊지 못할 것에 고마움 그리움
빛으로 사랑으로

비상하는 날갯짓 향기로 피어나 오히려
나를 깨우쳐 준 스승
있어 주었기에 든든했던 버팀목
이제 행복을 보게 되었으니
밀려오는 예전의 모습 기쁨으로 환생
언제나 그 자리
지켜 주었던 사랑의 그 이름
피어나라, 피어나라

에너지의 용사 바람개비

언덕 너머 불어오는 솔솔바람
흩어진 머릿결 쓸어넘기고
바람이 부는대로 온전히 맡겨진
개비들의 자유로운 몸짓
방긋방긋 웃음 지으며
평화를 부르는 손짓 따라

둥글둥글 세상에 외치는 소리
끊임없이 움직여라
끊임없이 사랑하고 용서해라
생동감의 전사여
은빛 바람 스쳐가는 바람개비의 몸부림

희망의 파수꾼 한몸 다 받쳐
사연마다 대신해
허공으로 허공으로 소망 하나씩
불어넣은 입김 심장을 두드린다
에너지의 용사여
바람아 불어라 천둥소리에도
바람개비는 거침없이 살아갈 것이다

깨소금

작은 깨알 날 잡아봐라
마구마구 튀어 올라
한 웅큼 쥐고 손 안에
한알 한알 마주하니 숭고해
고소한 향내 천지사방 깨방정
담 넘어 이웃 부른다

수저 맞대어 쟁그랑 쟁그랑
젓가락 사랑 싸움 깨 볶는 소리
참기름 한방울
양푼이 가로 뱅 둘러 모여
너 한입 나 한입 비빔밥 정
두런두런 이마 맞대어
참깨 사랑 꽃이 핀다
작은 깨알 높은 콧대 꺾어 놓지

일기장 위에

부지런히 움직였던 하루
서서히 일과 끝날 때
정리 정돈 저녁상 물려놓고 비누 향내 솔솔
잠자리 들기 전 일기장 위에
나를 내려놓는 시간

어떤 날이었던가 곰곰히 잘 살았나
마음에게 묻는다
위로의 두 팔 감싸 안고 보낸 날
또한 어떠했나 나와 나에게

회상의 시간 감회에 젖어
망설여지지만 빙긋이 웃다가
믿음으로 나의 손을 잡고
그만하면 되었다 토닥토닥 위로의 밤
또 내일이 기다려진다

멈춰 선 발걸음

깜짝 놀라 새가슴 되어 무심코 지나가다 말고
내가 또 내가 서 있으니 붉어진 얼굴 부여잡고
유심히 들여 보다가 살짝 고개 돌려 혹여
잘못이라도 마음 비춘다

호호 불어 반짝반짝 정직한 거울 속마음까지
다 알 것처럼 갸우뚱 웃음짓고
허리 살짝 요리조리 주머니든 손거울 만지작
둥근 얼굴 집어넣고 가는 눈웃음 속삭속삭
멈춰 선 발걸음 거울 앞에서

책장 앞에서

이리저리 한참을 서성이다 오래전
마음에 묻어 두었던 콩닥콩닥 그때 읽어본 책
이제는 누렇게 빛바래

시리즈 문학책 사이로 보일 듯이 보일 듯이
자주색 가방 갈래머리 소녀 시절
아직도 그 주인공

멀어져 있던 문학의 시간 다시 손에 잡고
유난히도 잊혀지지 않는 은자처럼 살다 간
그 이름 지성의 소유자 루 살로메

오래된 책 냄새 짙은 여운 책갈피 야위어 바스락
한조각 떨어져 나갈까 공연히 조심스러워
오래오래 곁에 두고픈 마음
잠시 걱정 가불했다

주홍빛 사랑 홍시

어느덧 한잎 두잎 떨어지는
마른 감잎 사이
까치밥이 되어주려고 남겨놓은
주홍빛 사랑
찬바람에 홍시볼 터질 듯 햇살에
비친 상기된 얼굴

찬 기운 사르르 녹아나는 아랫목에
묻어둔 홍시 생각
너 한입 나 한입 긴 겨울 독 안에
가을을 담아
주홍빛 물든 따스한 온기

깊어가는 겨울밤 달콤한 가을을 먹으며
주홍빛에 물든 보드라운 속살
겨울을 포근히 감싸 안아준다

소풍과 반성문

소풍날 즐거운 콧노래 손꼽아 기다리는 친구들
며칠 남지 않았던 소풍 조마조마 이내 와버린 날
단짝 친구 졸라댄다
소풍 대신 반성문 못난이 되어 버렸던

무슨 이유가 그래 갸우뚱 반성문이 웃을 것 같아
찬사의 대명사 김밥이 왜 어쩌다
갯가 비린한 김냄새 도무지 견디기 힘들어
반성문의 단초라니

그날을 생각하니 하얀 웃음만
오늘은 김밥 준비 동글동글 야무지게 말아
깨 솔솔 반들반들 참기름 칠 윤기 흘러
고소한 냄새 피어 오르고
세월이 약이었나 맛나는 김밥 앞에서
지난 시간을 읽는다

한지의 숨결

발그레 물든 단풍 앞마당 뒤뜰 솔솔 바람타고
선 뜨럭 위에 날려든 감나뭇잎들에서
새 옷 갈아입을 때가 온 것을 알리고 또 어디론가 훨훨
시끌시끌 연중행사 손 걷어붙여

갈바람에 비스듬 기대 누워
옹기종기 새 옷 갈아입을 채비
바쁜 붓놀림 앞섶엔 풀물이 꾸덕꾸덕
반반이 마주잡고 문살 위에
살포시 내려앉은 문종이

고운 빗질 물 한모금 시원히 뿜어내려
수백 번의 손길 순백의 눈부신 한지의 맑은 숨결
동지한설 칼바람에도 훈훈한 정이 흘러
창호에 덧대어 피어난 꽃송이 잎새마다 정겨워

하얀 겨울 문풍지 날세우고
파르르 휘파람 소리
따끈한 아랫목 한지에 배어든 풀잎냄새
꽃이 피어난 문살 사이
햇살 들어 하룻밤 보내기 아쉬울 만큼

시 쓰는 마음

켜켜이 담아 두었던 기억
한가닥 한가닥 펼쳐 놓고
잊혀져 갈까 하얀 백지 위에
소중한 것에 대하여 써 내려가는 손길
두근거리는 설레임

사랑했던 모든 것 때론 미워했던 것까지
지나가 버린 시간들까지도
그냥 놓아 버리기엔 너무 아쉬워
소담소담 모두 모아 오래도록
내 마음의 둥지

어느날 문득 고요한 시간이
내 곁에 와 있을 때 나를 내려놓고
글 동무한 시어들과 이야기
침묵 중에 두 눈 지긋이 감고
그 많았던 날 떠올려가면서
내게 말하고 말할 것 같아

달고나의 추억

달고나의 유혹 떨치기엔 아른거리는
길거리 포장가게
은빛가루 녹아든 달콤한 화덕 앞 뽑기방에
빼앗겨버린 마음
소다 한 방울로 부풀은 동심
놀라움의 눈동자
별 박혀 나와 던져진 주사위
한점 흐트럼 없이
조마조마 떨리는 손 숨죽여
바늘점 따라 불어넣은 입김

서서히 별은 내 가슴에
아직도 식지 않은 열광 살금살금
어머니 몰래 부엌으로
까맣게 태워버린 국자 시간 가는 줄도 모르고
하얗게 불태웠던 뽑기놀이 단내음
코끝에 스치는
지난날의 향수 몽글몽글 피어오르는
아직도 별은 내 가슴에

신작로길 기억

트럭 지나 먼지 풀석풀석 비포장길
길섶에 가만히 꼭 감은 눈

고개 숙여 감싸안은 일그러진 얼굴
저편으로 날아가는 먼지를 보고
나란히 학교 길 짤랑짤랑 요란한
양철 필통 장단에
힘차게 걸어가는 발걸음

포플러 긴 팔 하염없이 높이높이
초록 드리워진 커텐 사이
울퉁불퉁 자갈길 동동 걸음
지각이 두근두근 소실점 아직 까마득한데
이리 뛰고 저리 뛰어 팔짝팔짝
휴~ 타박걸음 그 시간 멀리 두고
아스팔트 넓은 길 중앙선 꽃밭
지름길 쌩쌩 정신이 아프다

오랜만에 가보는 신작로
포플러 가로수길
먼지 사이로 아스라이 다가서는
옛 동무 생각 한걸음 한걸음
천천히 차돌멩이 하나 주워 쥐고

해바라기꽃 아래서

환한 해를 닮아가는 그 작던 파란 얼굴이
어느새 훌쩍 커 동글방한 햇님 얼굴
초록 모자 쓴 키 큰 멋쟁이
탐스럽고 해맑은 웃음 지으며

꼬마 꽃송이 꽃 속으로
꼬물꼬물 엄마 품 속 찾아들어
함박 가득 해님 따라 반짝반짝
영롱한 보석 알알이 들어와
초롱초롱 윤기 흐르는 까만 눈망울

새들 모여와 재잘재잘
바쁜 입질 껍질 까는 소리
입속 가득 채우고도 떠날 줄은 잊은 채
주머니 한가득 까만 보석
닳아진 손톱 씨앗에 뺏긴 사이

내려다보고 웃고 서 있는 키 큰 해바라기꽃
호호 입 가린 채 눈인사 멈춰진 발걸음
언제나 우리의 동심 해바라기 곁으로

개나리 언덕

청둥오리 가족 물길 가르고 깜작 날아든 냇가
연신 먹이 찾느라 물 속에 코 박고
오르락 내리락 숨 들이쉬고
언덕 위에 노란 개나리 송이송이 물 위에 동동
오리가족 놀이터 노란 꽃물 든 냇물

길 따라 소복소복 노란 별들이 쌓여 있던 길
짹짹 새소리 평화롭다
즐겨보던 노란 개나리 언덕 휘휘 늘어진 가지마다
새들의 낙원 꽃물 따먹기 재재골 어느새

봄 바람결 한송이 한송이 지더니 듬성듬성
남은 몇 송이 이제는 초록잎 사이
간신히 들리는 새소리 노란 별송이 낙화하여
살포시 머리 위에 내린 별꽃

아카시아 꽃향기

꽃타래 조랑조랑 탐스런 송알이
아카시아향 먼저 맡아버린
촉 빠른 꿀벌 꽃송이마다
옆에 온 줄도 모르고 왱왱
보자 하니 부지런히도 꽃송이에 들어
꿀 모으기에 여간 놀라워

자연이 준 선물 은은한 향기
그저 얻은 향수 온몸에 스미어
콧바람 연신 들이킨다
우아한 꽃송이 귀걸이 걸고
한멋 어깨 으쓱 귀부인냥
머리카락 귓가 보란 듯 쓸어넘기고

아카시아 하얀 길 위에 차마 떠나기 아쉬워
사브작 사브작 느린 걸음
숨 크게 들이킨다 아~ 이 향기
흥얼흥얼 콧노래 과수원길 따라 두 팔 저어
벌이 되어 나비가 되어

고즈넉한 산사

산속 깊은 도량 정막만이
봄 여름 가을 보내고
겨우살이 김장 준비 절여진 배추 산더미
양념 속 넣기 수행의 손길

일손들 바쁘다 일사분란 완전무장
팔 걷어붙이고
연중행사 북적북적 즐거운 축제
지나가던 객 기념사진 삼매경

맑고 청아한 높고 깊은 산사
하루가 다르게 변화하는 풍경
발걸음마저 숨죽이고
조심스럽다 참회 시간
삶이 얼마나 비워내고 살아야 되는지

분단선

무엇이 그렇게 이 비극의 선
얻은 건 무엇이 잃은 건 무엇이
남은 건 상처뿐 어쩌면 좋아
넓은 아량 새겨볼 여가도 없이
안타까운 이 일을
후회가 아픈 마음 더 괴롭혀

오는 선 가는 선 쳐놓고 무슨 말을
탓을 어디에 돌릴 자격 있나
내 가슴 내가 치고 그네 가슴도 매한가지
상처딱지 떨어져라 간절한 소망
멍하니 먼 하늘만 바라볼 뿐

닫힌 문 활짝 열어보자
평화의 그 날 기다리는 이 마음
쓰고 또 써 보는 낙서의 아픔
먹먹히 그 이름 평화통일
정지된 침묵이 흐르는 시간
머지않아 와 줄 그 날까지

2부

빈집 홀로 두고

어머니의 봄

연분홍치마 저고리 일찌감치 손 보아두고
오늘 밤 자고 새벽길 여행 오랜만에
맡아보는 분내음
꽃놀이 화장하고 나서는 어머니
벚꽃놀이 대절버스에 올라

연분홍 치마 자락에 봄놀이도 나폴나폴
버스에 오르던 뒷모습 하얀 고무신
콧등 위에도
봄바람 스미어 미소지어 보낸다
빈 자리 한나절 걱정 반 기쁨 반
설명에 설명 낱낱이 일러두고

꽃구경 하고 오마 손 인사
꽃구경 많이 하고 와요 살가운 미소
벚꽃 피는 사월은 연분홍치마 저고리
곱게 입은 어머니의 봄
오래도록 눈에 선한 내 마음의
제일 곱고 화사한 봄

아버지의 모정

재 너머 아버지 외가 돌탑이
할머니 소시절 살아온 동네
곁에 계시는 어머니 부르듯 자주자주
돌탑이 노래
일과 중 마음 달래던 뒷모습
작은 기별에도 며칠씩
돌탑이 외갓집 이야기에 정을 담고
이십 리 오일장 넘나 들린
할머니 빈자리 대신 하룻밤씩 묵고 가신
외가댁 피붙이
기다리는 오일장 아버지의 위안

당신 자식 앞서 동생 걱정 한가득
할머니 못다 한 정
팔남매 장남 아버지의 모성
때론 불만의 눈빛 가슴 찌를 때 감당해내기
벅찬 일도 내색 못 했을

당신 혼자만의 외로움을 이제사
저 하늘만 하염없이 하염없이 어찌할지
스산한 가을바람 결에 맞서
하늘만큼 땅만큼 사랑합니다
아버지 모정 앞에 숙연한 마음
뜨거워진 눈시울

빈집 홀로 두고

뒤척뒤척 빈집 홀로 두고 눈에 밟혀
잠 못 드는 밤 여러 날
걱정에 근심에 돌아누워 난 자리
이렇게도 서러워
갈 때까지 굳게 지켜주실
차가운 대청마루 성모 어머니

당신의 한없는 자애로 놓인 마음
몇 해 익숙해졌음에도 엉키는 마음 긴 한숨
덜커덕 덜커덕 마른 대문소리
주렁주렁 달린 주홍빛 사랑
저 홀로 익어가고

마당 가로질러 호박넝쿨
타는 속 칭칭 감고도 모자라
앞마당 뒷마당 이내 속 훑고 지나
빗장 가로 질러놓고 무거운 발걸음
성모님 또 부탁해요

나의 어머니

사근사근 모습 지니시고
해당화 꽃 닮으신 인자한 대소간 맏며느리
넓은 뜰 거한 식구 먹거리 옷가지 빈틈없이
고루 살펴 행복 자리 당신 손길

높은 산 넓은 바다 당신 마음
쉴세라 뒤로 한 채 담밑 꽃밭 가꿔 벗 하시고
아랫 손 탈날까 다 안으신 나른함
햇살 내린 툇마루에
지그시 회상의 눈 가리신다

오래 계셔 줄 어머니
그해 이월 사과꽃 향 못 맡으시고
아직 잔설이 남아있는 먼 산
아버지 심으신 백일홍 울타리
양지 바른 터
호젓이 위로의 손길 뒤로 한 채
산들바람 결 어머니 울림인 듯

오색 무지개 장떡

아득하나 아직도 맴도는
어머니 손에 잡힌 야채의 향연
설기설기 채반 위에 하얀 면보 펼쳐놓고
반반히 쪄낸 풋풋한 향내음
반들반들 완성된 장떡 오색 무지개

목단 꽃쟁반 위에 반질반질
소복소복 담아 안고
모락모락 날려오는 장떡 향
참지 못해 덥석 한입
오누이 골라 먹던 재미
몽글몽글 피어나는 치즈꽃
화려한 핏자 장떡 맛 따라 오기엔
아직

한옥마을, 어머니 향기

옛 생각 차분히 한옥집 사이로
석류 오얏 살구 돌담길 따라
기왓장 넘어 아련히 떠오르는
전통 향수 드리워져

선뜨럭 대청마루 밀려드는 그리움
쓰다듬어 가니 어머니 생각
대들보 서까래 용마루 처마 끝에
마음을 적신다

젖어드는 옛일 골목골목
임금님 집이야 아이들 떠들석
색동저고리 곱게 차려입고
댕기머리 처녀 총각 어우러진 한옥 마당
선하게 그려지는 길 위에
반달 눈썹 생긋이 물레방아
사랑의 속삭임

아버지 부르며

아버지 하고 부르는 딸
두려움도 약해진 마음마저 멀리멀리
훌쳐 보내
사랑으로 채워 주시던 님
우뚝 솟은 든든한 사랑 기둥
멋진 탤런트 아버지

바람 같이 홀연히 간다 온다
한마디 말 못 듣고
아버지 부르며 먼 하늘만
먼저 보낸 어머니 빈자리 몇 해 홀로
전화 벨소리 너머 걱정에 괜찮다
당신 불안 꼭꼭 감추시고

거기 계셔도 영속하리라
생전에 공유 쌓여 아픔 덜어지고
슬퍼질 때 슬픈 노래가 위로되어
예전대로 놓여진 마음
걱정 내리시고 평온한 천상의 꽃길에서
연분홍 치마 좋아했던 엄마 손
꼭 잡고 걸어요

슬픈 아리아

당신만이 아셨을 것 같은
내일이면 하고 싶은 말
다 들어 드릴 요량으로 미뤄놓은 통화 버튼
조급해져오는 마음 안절부절
차겁게 들려오는
무거운 목소리 그렁그렁 뜨거운 눈물
마지막 인사도 임종도 그만그만
인자한 모습 꽃 속에서 웃고 있어요
통곡의 소리 서러워서 미워서 들썩이는 어깨
얼룩진 가슴 같이 울던 슬픔들 두고
황금들녘 찬란한 오색길 따라
저 무지개 너머로

아침 해를 보고 마중 인사 별 보고 배웅 인사
아픔이 엷어질 때까지 세월의 위로만이
전부 일 것 같은 허전하고 못다 한 말
하얀 백지 위에 써 내려가는 편지
슬픈 아리아의 외침

종갓집은 숨을 쉬고 있다

군불 지펴 화롯불 가득 이글이글
피어오른 숯 냄새
물 마를 겨를도 없던 손길
사랑채 잦은 손님맞이
따스한 어머니 생각

그 저녁 하루해는 사위어 별 쏟아내린 밤하늘
고즈넉한 넓은 마당 평화가 고요히 깃든 밤
처마선 따라 아득히 밀려드는 그리움 올려놓고

따끈따끈 아랫목 파고 들었던
오누이들 재잘거림
깊은 추억이 스며 사는 집 포근한 흙담장
옛집에 안겨
쉬엄쉬엄 오래 머물고 싶어 녹아드는 이 마음
이글이글 붉게 물들어가는 목단화
종갓집은 숨을 쉬고 있다

소금꽃 피어나는 장독대

햇살 받아 반들반들 서열지어 키대로
가내 애경사 역사가 배어든 정성
스며든 종부의 손길
솔솔 바람 햇볕 잘 드는 곳

마당보다 높은 장독대 자리
가장 좋은 명당
간장 항아리 표주박 동동
하얀 소금꽃 피어나 숨 쉬는
항아리마다
푹 익어가는 깊은 장맛
한사발 퍼내어 깊은 정 나누기

장독대 하얀 박고지 고들고들
바스락 바스락 청녹색
따사로운 독 위에
고요히 내려놓은 그리운 마음

어머니 빈자리 빈 항아리
하나씩 이별의 정
이제는 곁에서 어머니 향기
솔솔 뿜어나와 깊어가는 모정

복이 가득 복주머니

동실동실 손아귀 넣고픈
복주머니 금박이 눈이 부셔
오색 천 색동이 입고
보기만 하여도 두근두근
허리춤에서 달랑달랑
문고리 걸려 복 들인다

오래전 손때 묻어난
여닫던 할머니 돈지갑
세상 멀리 와 있어도
변함없는 옛사랑 그대로
볼 때면 만지작 만지작
깊은 추억 속 마음의
꽃이 핀다
토닥토닥 복주머니 복이 가득

사랑채의 밤

하얀 달빛 내려 밤 이슥도록 사랑채
고전 읽으시는 할아버지 긴 곤방대
퉁소소리 한자락에
밤은 조용히 흘러가고 문살 사이로 비친 불빛
귀 쫑긋 위안이 되는 밤

어둔 밤 고요한 골목길 글 읽는 소리
여운이 내린다
저 담장 너머까지 조청 윗목자리 목 푸시고
고전에 나온 주인공 어머니와 동명인이라
장황한 줄거리
턱밑에 앉아 재미나게 듣던 고전 이야기
아직도 귓가에 생생히 남아 유년시절로
멈춰진 발걸음

시끌시끌 빨래터

짹짹 이른 아침 새들의 노래
먼동이 훤히 밝아오는 아침
맑은 물 동네 세면대
산이슬 물안개 김이 모락모락
신기루가 펼쳐지는 냇가

누가 와 있을세라 눈 비비고
서둘러 냇물에 손 담그고
아침 세수 따뜻한 아랫목 아이 자리
밤새도록 윗목엔 요강 자리
미안해 같이 가 반짝이 세수

집안 일 잠시 숨 돌려 빨래터로
이웃 애경사 주고받는
시끌시끌 위안이 되는 자리
속 시원히 훌훌 털어 버리고

방망이질 거품 냇물 따라
한시름 흘러흘러 내려 보낸 곳
동네 십자가 너의 십자가 나의 십자가
위로 주고 힘 실어
오늘도 왁자지껄 모여 들어
웃음꽃이 피어나는 빨래터

김장철이면

아삭아삭 속이 꽉 찬 서리맞은
속 노란 가을 배추 한입 베어 물고
김장준비 며칠씩 생각난다

밤 늦도록 기백 포기 찬바람 쐬며
커다란 가마솥 한가득 절여진 배추
샘물에 설렁설렁 채반마다

고운 색 빨강 양념 옷 입고
차곡차곡 땅속 항아리
겨울잠에서 익어간다
며칠 만에 허리 펴신 어머니

어느새 김장준비 흉내만 내고 있는
큰살림 도맡아 하신 어머니 내려다보시고
웃고 계실 것만 같아

미나리꽝

동장군도 오다가 슬며시 가버린
열기 가득 찬 물 마른 빈 논
꽁꽁 겨울 동심들 놀이터 봄이 시작되었나
물 가두어 칸칸이 흙둑 지어 너 강 내 강 만들어

망태들고 냇가로 모종 캐러 시끌시끌
미나리 심던 날
바지저고리 걷어 올려붙여
흙탕물 점벙점벙 웃음소리 가득
아침저녁 물대기 바쁘다

하루가 다르게 쑥쑥 잘도 커가는
베다 먹고도 나눠 주고도
새순이 파릇파릇 미나리향 기분 좋았던
미나리꽝 어머니의 향기

합식기

아침마다 분주한 어머니 손길
사남매 노란 양철도시락
오전 오후반 무난히 넘긴다
종일반 모자란 도시락통
난감해진 어머니 양손
하얀 광목 앞치마만 부여잡고

양보의 눈길 나를 보신다
네모도시락 세 오빠들 차지
반상 위에 눈길받던 놋그릇
특별한 합식기
책가방 하고는 마음에 덜 드니
속상한 눈빛 알아채신 어머니
오늘만이라고 달래던 때

가끔 떠오른 생각 매한가지
그릇 사이 노란 네모도시락
웃음 짓는다 예전 생각에
아름다운 추억 앞에
이제와 생각하니 그리움만
나의 애장품 1호 합식기

모내기철 왔구나

물가 둔 논 점벙점벙 옆집 논으로 왔다갔다
개굴친구 불러 기운차게 뛰고 놀고
일철이 왔구나
해 질 녘 시끌시끌 요란한 개굴노래
귓가에 쟁쟁
모내기철 재촉하고 개굴개굴
모심기 농부의 마음도 바빠지는 때

못줄 넘겨요 우렁찬 선소리
잠시 허리 한번 두드리고 또 줄넘겨 간다
연둣빛 펼쳐진 들녘 풍년이기를
간절한 마음
밀짚모자 사이 비쳐진 웃음 가득 머금은
구릿빛 농부의 얼굴 풍년의 꿈
가득 찬 들녘에서

보석 같은 날

안방 지나 대청마루 사이 건넛방
동서지간 산후조리
번갈아 옹알옹알 아기들 소리
양방에서 떠들썩 웃음꽃 피어난다

맏동서 아랫동서
산바라지 하는 종동서
양방 오가며 손이 바쁘다
아기들 잠에서 깰까
뒷꿈치 들고 이 방 저 방
문 기대어 아기들 냄새

딸랑이 들고 방글방글
무릎 위에 놀던 아기
막내삼촌 살림나던 날
우리 집 작은집으로
아가 동생보러 숨이 찬다
그때가 아련아련
숨겨진 보석같은 나날

도란도란 풍경

언제 적 걷던 백양나무 사잇길 접어들어
옛날에 그때 그대로인 가로수

아련아련 놓지 못하는 마음
형님집 가는 이 길목
사방 초록물감 뿌려진
푸른 들길 지나

뜰 앞 거실 통유리창 너머
사랑으로 빚은 찻잔에 담긴
따뜻한 온정
정다운 목소리 반가워서 포옹

물레 돌려 예술이 숨 쉬는 작품
뜨거운 열정 인내의 결정체
고운 살빛 보일랑 보일랑
조마조마 찰나 우아한 멋 품고
탄생한 도자기

찰랑찰랑 은빛 물결 아지랑이
피어나는 연못 눈앞에 두고
작약 나리꽃 마당
도란도란 풍경 한아름 안고
한적한 귀촌의 아름다움

일흔 소녀와 함께

오월 다 가기 전 이쁘신 일흔의 소녀들 나들이길
버스 안에 전철타고 바쁘게 살아가는
많은 사람들의 발길 사이 각자 삶의 무게
충실했던 날들 오늘 하루 뜻깊은 외출

푸른 초원 사이사이로 차창 넘어 오색 물든
샛노란 빨간 파랑 원색지붕
손에 잡혀질 듯 하더니 멀어진 동네
손가락 사이 스쳐 지나간다

신륵사 육백년 향나무 둘레 따라
한 걸음 한 걸음 마음 내려놓고
해당화 앞에서 환한 웃음들
두고두고 보고픈 얼굴 사진에 남기고
남한강 황포돛대 유유히 흐르는
강물 위에 멈춰진 눈길

고단했던 긴 세월 한시름
저 강물 위에 띄워 흘러보낸다
곱디고운 일흔 소녀 지나온 일 뒤로 한 채
눈가에 흐르는 촉촉한 이슬방울
아련한 그때 그 시절

3부

느티나무는 즐거워

능소화

하늘의 사랑 가득 받았을
기품 서린 뜨락에 뿌리 내려
쳐다 보기만도 겨워 눈이 부시도록
두근두근 저 꽃 속에

힘차게 물 오른 줄기 따라 피고지는 상상화로
이토록 설레는 건 왜일까
고고한 자태 아름답기가 비할 데 없을 만큼
가물가물 기억 속 친근함

칠월의 태양 파란 하늘 보란 듯 넝쿨 올려
휘휘 감아도는 영광의 얼굴 주홍으로
짙게 물들어 흐드러지게 피워낸다
그래서 그래서 가만히 너를 애잔한 눈빛으로
빼앗겨 버린 마음 가슴에 녹아드는
너의 비밀은

안개꽃 기억 속으로

무덩이씩 다발지어 수북히
물동이에 들어 시원히 목 축인다
꿈결에서 본 듯한 연민의 꽃
아른아른 기억 속으로
수줍은 얼굴 열아홉 순정
송이마다 눈에 넣어도 아프지 않을
작은 꽃송이

애절한 듯 포근히 안아 주고픈
아름드리 풍성한 한다발
잔잔한 미소 띤 소녀에게
숨겨둔 고백이라도 할 것처럼
공허한 가슴속 아픔마저도
그냥 녹아 내릴 것 같아

고요가 흐른다 안개꽃을 보면
하얀 백의의 천사
청순 가련한 이미지로 다가온
어느 꽃들에게도 에워져 있어도
방긋이 여린 미소로
노란 프리지어가 다가와서
속삭속삭 포근히 안긴다

벚꽃길

유난히도 많이 피워낸 벚꽃송이
연분홍 치마저고리 지어 입고픈
화사한 봄날의 유혹 핑크의 찬란한 아름다움
벚꽃 길마다 훤하게 만발해 자랑자랑

검게 뻗어나가 꽃이 피어날까
걱정이 빗겨가 무안해진
몽실몽실 왕방울 꽃송이 따사롭던 날
빼앗긴 마음 눈길 어디에 둬야 할지
입김 타지 않아 꽃들만이 활활

시샘바람 불어 꽃가루 길 위에 나붓나붓
머리 위에 살포시 봄비에 떨어진 꽃잎마다
허전한 마음 뒤로 하고 또 다른 벚나무길
푸르름이 상쾌하게 다가오는
꽃들이 남기고 간 길목

춘설 홍매화

이제나 저제나 피어오르나
꽃샘바람 아직 찬데 눈까지
날아들어 시샘한다
왔다 갔다 그 앞을 지나 쳐다보고
또 쳐다보고

가야금 선율타고 오는 봄
가지마다 연분홍 작은 꽃 눈이
몽아리마다 톡톡 터져 나올 것만 같은데
온통 붉게 물들어 피어나길
바래는 발걸음

매화꽃 찰나의 순간
매화꽃 타령 여기서 탄성 저기서 탄성
카메라 눈빛이 반짝인다
홍매화 봄바람에 볼 내밀어
만개하기만을 기다렸던 통도사 홍매화
피어나라, 피어나라

코스모스 사랑

청명한 가을이였음을 코스모스 길에서
산들산들 손짓에 빼앗겨버린 마음
곱게도 피어 살랄살랑
잠자리 꽃잎 위에 날갯짓
폴폴 춤추며 코스모스 밭 헤집고

얼마나 얼마나 사랑했던지
오늘도 그 자리 오로지 코스모스 너뿐인 걸
이마에 간질간질 손잡고 한아름
어깨동무 사진 속에서도 너뿐
수줍어하는 코스모스 소녀야
너는 영원한 친구

조용한 목소리 아름답고 찬란한 물결
왈츠의 춤 청명한 가을과 함께
호리호리 가녀린 꽃 꺾어들기 아까워
눈 속에 가득가득 넣어
비단천 펼쳐놓고 수놓아 곁에 두고
오래오래 액자 속 벗으로
코스모스 너는 나의 첫사랑

까치밥의 전설

훈훈한 정새들과 공존의 시간
영화를 본 것처럼 까치밥의 전설
오래 전부터 그랬던 따스한 배려
이다지도 거룩한 사랑 앞에
눈시울이 뜨거워지는 감동의 메시지

서릿발 속 말캉말캉 달달한 홍시
대롱대롱 떨어질랑 말랑
까치밥의 날갯짓
새들의 겨울나기 걱정 반 사랑 반
봄눈 녹아내린듯 따스한 풍경
모든 것 용서될 만큼
까치밥 달고 기다리는 미소나무
모여든 새소리에 껄껄껄

가지 위에 짹짹 꼬리 흔들흔들
포근한 숲속집 찾아 날아가는 날갯짓
혹독한 겨울이 와도 이겨낼 수 있는
사랑의 열매 자비와 사랑을 품고
겨울잠 속으로
남겨둔 정 잊지 못할 그리움
까치밥이 준 선물 온기 가득 피어나는
겨울 길목에서

매화를 보고

매화 가지에 홀려서 가지마다
마치 팝콘 한가득 뿌려놓은
몽글몽글 하얀 뭉개구름처럼
방글방글 피어나는 매화 꽃송이
가던 길 멈추고 매화랑 놀던 자리

한참을 둘러 보고도 아쉬워
발걸음 떼지 못하고
찰칵찰칵 소리 듣고 모여든 꽃송이
방긋방긋 아가 미소
팡팡 터져나와 웃는 얼굴

마주 핀 노란 산수유 나무 아래
다시 잡혀버린 발걸음
뱅뱅 돌다 하늘 한번 쳐다보니
노란 별들의 전쟁
가지 끝에 달린 꽃송이 봄을 달고

살랑거리는 노랑 애교머리
봄 꽃길 따라 천천히 뒷걸음
그래도 아쉬워 언덕길에 올라
파란 하늘 마주 보고 눈웃음
마음껏 즐겼던 봄놀이

앵두 걱정에 앞서

이슬방울 잎새마다 머금고
촉촉한 윤기 흘러나와
동박새 삐삐이 요란한 소리
앵두나무 사이 들락날락
맛본 앵두알 입에 물고
재빠른 날갯짓 어디론가
가끔만 오라고 손뼉쳐 보내놓고

앵두 따다 한 웅큼
입 안 가득 물든 빨간 입술
가지마다 꼬물꼬물 앵두 구슬
배시시 맑간 볼살 토실토실 만지면
톡 터질 것만 같아
태양빛 따라 빨갛게 익어가는
쏙 내민 얼굴 수줍어

이름모를 새들 덩달아 올까
괜시리 서성거린다
아마도 빼앗길 걱정일지도
하도 예쁜 걸 보니
한참을 보다 돌아서는 걸음
사랑 머금은 빨강 앵두
풋풋한 영롱한 보석 반짝반짝
햇살 머금고 잘 익어간다

장미꽃 성지

어김없이 오월의 장미는
손짓하며 우리를 부른다
다시 찾아가는 장미꽃 성지
넝쿨마다 만발한 꽃의 여왕
정녕 신비롭고 아름다워라
담장 울타리 고운 색

사방 둘러져 찬란한 붉은 물결
죽산성지 둥근 묵주알
손 맞잡고 하얀 묵주 알알이
기도의 열매 묵주길 따라
장미향 솔솔 평화로운
기도 시간
오월에 만나는 우리들의 성지

정원의 장미터널 화사한 미소
맑고 고운 해맑은 아이처럼
성모께 화답하는 아름다운 찬송
고운 목소리 하늘가 울려 퍼져
한걸음씩 묵상의 발자국 남긴 채
풍성한 은총의 시간 장미꽃 성지

민들레 천국

봄 햇살 저 언덕 너머
아지랑이 피어 민들레 천국
초록 무대 왈츠가 시작되는 봄의 향연
노란 우산 펼쳐들고 부르는 손짓

도도하게 피어 있는 꽃 홍일점 하얀 민들레
이마 맞대고 반가운 속삭임
민들레 꽃대궐 찾아온 벌 손님
단맛 나르기 여기저기
홍보태 경사로운 날

하얀 너울 지평선 넘어 사뿐사뿐
꽃씨 흩어 포르르 낙하지고
노오란 꽃자리 아름다운 이별
그래도 못 잊어 가을 양지쪽
피어나 눈길 끈다

명자야

필 때마다 반해버린 명자꽃
그때도 지금도 변함없이
초록 잎새 몽글몽글
곱게도 피어나는 이쁜 꽃
어느 손이 만들어 두었나
착각을 믿지 못하겠으니

어디에 있을 명자 생각에
담홍색 따다 브로치 하고
한껏 들떠 옛 생각으로
볼수록 눈물샘 흔든다
사랑스럽다 너를 본듯
촉촉한 빗속에도 선연한 명자꽃
이번 봄에도 명자 너를 닮은
명자꽃을 찾아서
그리운 너의 이름을 부른다

네잎클로버

무더기 무더기 토끼풀 밭 초록 가운
하얀 송이송이
들판 가득 째각째깍 시계꽃 피어나는
하얀 천국
살랑살랑 손짓해 부르는
꽃반지 올려진 예쁜 손가락
하얀 꽃시계 빛나는 손목
꽃화관 만들어 머리 위에 살포시

풀밭 가로 질러 언덕에 올라
풀향기 뒤따라와 여기까지
햇살 아래 다소곳 무릎 꿇고
흩어진 행운의 네잎클로버
시간이 오는지 가는지 잊은 채
손 안 가득 네잎클로버

책갈피마다 곱게 펼쳐 접어놓고
안부 편지 속
동봉한 네잎클로버
그의 마음에 행운이 오래오래
머물러 있어주길
너의 행운을 위하여
행복을 위하여 부치는 편지

불덩이 꽃무릇

누구를 기다리나 빼어올린
긴목을 한 채
진홍빛 흩뿌려 붉디붉은
꽃술마다
타오르는 저 불꽃 가녀린 손짓
고즈넉한 사찰 푸른 솔 담벼락 타고
시룻돌 민경에 맑은 물결 따라
꽃잎의 파장
붉은 물 들어 흘러가는 모습 뒤에
불덩이 꽃무릇 아쉬워 아쉬워
더 붉게 피워간다
멀리 멀리 보이지 않을 때까지

참 오랫동안 넋을 놓고
꽃무릇 향연 대합창의 절정은
그렇게 그렇게
붉은 물결 오케스트라 울리고

이젠 고요함만이
오래오래 가슴에 파고드는
애잔한 발걸음 뒤로

느티나무는 즐거워

하얀 모시적삼 부채 뒷짐놓고
쉼터 느티나무 아래
더워야 물러가라 한사람
또 한사람 뒤따라 나란히
경사로운 날 행사 때마다
아낌없이 내어주던 자리
굉장했던 동네 파수꾼

나무 아래 시끌벅적 장기놀이
나무 위에 더위 식히러 온
매미들의 합창소리 다함께 흥이 나
사백 년 느티나무는 즐거워
나뭇잎 바람결 타고
푸르고 푸른 싱그러움

합창 소리 어우러진 보물 숲
이 가지 저 가지 단오 그네놀이
더없이 좋았던 설렘
힘차게 한여름 같이 보낸
아름드리 느티나무 감싸안고
우리들 천국이라고

미끈 유월

새싹 모종 보내기 바쁘던 봄
엊그제 연둣빛이 벌써
유월 하지 햇살 길게 받아
여름 수확 일손이 바쁘다
거둬 들이는 손길마다
마음이 먼저

장맛비 올라 쉴 새 없이
땅 속 감자알 주렁주렁
콧노래 흥얼흥얼
물러져 못 쓸까 애간장
식구 다 모여 고사리손 마저
알토란 같은 시간

일손 빼긴 사이 미끄러지듯
금세 가버린 유월
정신없이 바빴던 달
채 못다 한 수확
삼복 칠월로 넘겨져 가니
냉수 한 컵 휴식도 바쁘다

팡파레

팡파래 소리에 깜짝 놀라운 아침을 맞는다
새침 떨던 밤 달님 사랑 가득 받아
한껏 오무렸던 입술

아침 이슬 촉촉한 세수 나팔들고 다함께
아쉬움 하나 없이 담장타고 방글방글 하늘 향해
활짝 피어 오르는 나팔꽃

한송이 손가락 사이 입맞춤
기우는 햇님 따라 스르르 고개 숙여
반짝이는 별님 찾아드는 밤
내일은 청보라로 피어나주세요

가을의 선물

울타리 따라 자갈돌 골라낸 자리 자리
두어 알씩 떨구어진 호박씨 새싹 돋아났다고
긴가민가 얼마 지나지 않아
호박잎 차곡히 따다 놓더니
푸르른 줄기마다 또랑또랑
솜털 입고 파랗게 오무린 입술
며칠 못 본 사이 활짝 웃음꽃 터뜨린 호박꽃
반들반들 윤기 흐르는 애호박
파란 고명으로 기쁨 선사
가을 햇살 받고 노랗게
탐스럽게도 야무지게 익어가는
맛과 멋을 모두 담아 횡재의 기쁨
씨앗 한두 알이 아낌없이 주는 복덩어리
황금호박 보약 사랑으로 한아름 받아 안은
풍성한 가을의 선물

곶감 사랑 이야기

연년이 함박 피워주는 감꽃
소담소담 피어난 노란 앙증이
눈에 넣어도 아프지 않을 만큼
앞마당에 감나무
골목길 따라 담장 너머 가지에도

소쿠리 가득 감꽃 주워 소꿉놀이
내리쬐는 햇살 기운
주홍빛 물든 상큼한 향기
가지마다 주렁주렁 한창 익어가는 계절
소곤소곤 서로에게 귓속말 야무지게
여물어가자는 눈빛

양지쪽 외줄 따라 살랑살랑 햇볕 사랑
바람의 노래에 실려
뽀얀 가루분 곱게 바르고
울던 아기 달래주던 일등 공신
곶감 손에 쥐고 방글방글 거둔 눈물

너 하나 나 하나 쏙쏙 빼 먹은 빈자리
듬성듬성 이 빠진 곶감 줄
곶감 사랑 이야기 오래오래
잊혀지지 않아
감꽃에서 가져온 달콤한 맛
살랑이는 바람에 그네를 탄다

정구지밭으로

두어 밭 고랑 지어 파릇파릇 가녀린 몸짓
새순 돋아 부추 더해진 샐러드 사랑
채전 밭으로
이물없어 편한 자리 마음 먼저
가는 자리 손짓해 부른다

소쿠리 가득 가지런히 바람결에 이는
향내음 솔솔
입 안 가득 침 삼키고 채 손 가지 않던 자리
꽃대 길게 밀어 어느새
하얀 면사포 고운 자태 벌 나비 와서
시샘한다
정구지꽃 수줍어 산들산들
따사로운 햇살 하얀 양산 곱게 쓰고
어딜 가시려나

백설길 한라

봄 오나 싶더니 이월 폭풍 한설
울창한 숲 쌩쌩 몰아치는
눈바람
진달래밭 설원의 뜰 긴 숨 들이키고
장대한 산마루에 쉬어간다

일천구백오십 한라 저 멀리
펼쳐진 은하수길
백록담 분화구 가득찬 기백
백자사발 눈덮힌 화구
두근두근 아~경이로움

영혼마저 온전히
은쟁반 품 속으로 살포시
맑고 청아한 푸른 옥빛 하늘
하얀 설원 위에 핀 노란 복수초
봄 올려 보내기 더디어도
기다리는 마음 설렙니다

4부

꽃도둑들에게

가족 사진

오월의 장미는 가슴마다
코로나19 긴 터널을 지나
도란도란 손잡고 갖춘 자리
아빠 닮아 엄마 닮아 동그란 참한 얼굴
붕어빵이야

어깨 위에 살포시 올려진 손
입 모아 개나리 미나리 김치
외쳐 부르자
발그레 피어난 복사꽃처럼 갸웃갸웃
서로에게 기대어 오월의 에덴동산은
가슴마다

액자 속 가족 사진 핑크빛 물들어
너의 시간에 바빠 곁에 없어도
사진 속 만남은 점점 더 가까이
너의 웃는 얼굴이 꽃이고 별이 되니
내 마음의 비타민

따사로운 보금자리

너그들 클 때 우르르 복닥이고
지지고 볶고 살았던
사람 냄새 사는 맛의 황금기
가족이란 사랑이 움터 올라
한시절 노래하시던 말씀 그 세월은
흘러 이어온 길 따라
부대끼며 살아야 하는 원초적 삶의 서곡

뛰고 뛰어 풍성한 열매의 가치
가족이란 명명 한지붕 아래 돈독한 정
때론 눈물 바람 따사로운 배려
좌충우돌 무한 반복
마냥 즐거움만 있었다면
그건 거짓말

이미 어느 별에서 너와 나에겐
소중했던 사람
내 편히 쉴 곳 언제나 기다려 주는
어머니 품 속 같은 집
온기 속 선연히 피어낸 결정체 남겨진
인내의 선물 가화만사성
활짝 핀 따사로운 보금자리
행복한 울타리 웃음 가득 피는 곳

눈높이 소녀로

제법 애교스럽게 폴짝폴짝
자유로운 몸짓
생글생글 배꼽인사 다가선
세 살 친구 내 곁에
눈짓으로 손짓으로 소곤소곤
마주한 눈인사

동갑내기 눈빛 사랑의 대화 어느새 활짝
피어난 두 눈동자
뜀박질 몰래와 등 뒤에서 톡톡 쳐놓고
저만치에서 깔깔
장난 치자는 고사리손 누구세요
손잡고 요리조리

사랑스런 눈빛 자애가 흐르는 잔잔한 웃음
파장 오래오래

기억 제일 좋은 앞에 두고 종알거리는
노래 맞추어
손뼉 장단에 부르는 꾀꼬리 소리
천상의 아카펠라여

깔깔 웃음으로 점수매겨 놀던
눈높이 친구하고 즐거운 시간
소중했던 날 훗날 또 다른
눈높이 소녀로 다가와
새롭게 읽어내는 아름다운 시선
무지개 너머 몽글몽글 그려지는
입가엔 미소가 번진다

추억의 사진

멀어져간 기억들 더듬어 앨범 속 그때
어슴프레 떠오른 옛시간에
설레이는 사진 속 변함없는 모습 그대로

통바지 단발머리 유행하던
그 세월 지나 멀리와서 보아도
빙그레 회상의 웃음 입가에 흐르고
예전의 얼굴들 앳되고 곱다

쌓여진 추억들 희미한 그림자
잊지 못하고 간직해 온 지금
낭만으로 추억으로
그립던 이 쓰다듬어 보고 다시 보고
고이 접어 스쳐 보내기 아쉬워

꽃도둑들에게

예쁘게 자라 지나온 시간
회상의 문턱 이제는
자기에게 책임질 나이
뜨끔한 말 한마디
같이 살 꺼야 시집 안 갈 꺼야
노래하던 딸
웃음 삼키고 대표로 한 사람만
속삭였던 기다림

고운 큰딸 먼저 보내놓고
친구하며 살자 비운 마음
여행에서 첫날 밤
환갑선물 내놓던 작은 딸
넌지시 가도 돼 결혼
감춰진 기쁨 고마워 토닥토닥
나의 꽃도둑(새신랑)들
나의 꽃들을 행복하게 해주렴

핑크 공주

돌잡이 마이크 마이크 외쳤던 첫돌맞이
마이크 잡아 한바탕
웃음 보따리 풀어내던 날 엊그제 같더니
조잘조잘 핑크 공기 나쁨 이를 어쩌나
붉은 빛 청정기 신호 앞에서 환호의 박수 소리
웃지 못할 핑크 환호

난감한 웃음 폭발
파랑은 아니아니 핑크핑크
손짓해 부른다
따라만 하는 앵무새둥이
핑크 손녀 거울되기
행복한 시집살이 웃음 자아내는 기쁨
소중한 시간 머지않아
지나가는 사실 앞에 지금이 봄날

최고의 선물

등 뒤에 나를 알아가는 내가 서 있어
열손가락 깨물어 아프지
않다 할 손가락 어디에도 없다 한 가르침
양친께서 주신 큰 선물
다 사랑이었다는 것을

태산같은 커다란 배움 사랑의 보답 순종으로
어려운 순간순간 해결사 익혀둔 가르침의 밑거름
갑절로 받은 인내의 댓가 최고의 선물이 되어
마음에 두었던 바램

멘토와 만남 꿈같은 현실이
무심하게 지나 보낸 것에 대한 깨달음
조금씩 자아내 시가 되어가는 길목

멀리 와 있어도 잊혀지지 않는 것에
순종의 먼 길 돌아 처음처럼 등 뒤에서
다시 나를 본다
맑은 하늘 우러러 소중한 휴식 앞에

생일날

반짝반짝 수많은 별에서
신비로운 세상에 온 행운아
예정된 인연들 만나 차고도
많은 사연사연
담아넣고 덜어내고 손해 볼 것도
입을 것도 없는 삶의 기적
어느 땐 촘촘히 가던 시간

누가 뭐랄 것도 없이 꼬박꼬박
찾아온 생일
어연 육십다섯 개 촛불 앞에서
금세 온 것처럼 깨닫는 순간
엇갈린 희비 축하 자리 축하 노래
함박 가득 웃음꽃 피어나는 잔물결

사랑스런 나의 별 사랑들
내놓을 것은 마음뿐이었다고
고백하고픈 독백의 시간
뒤돌아 보니 와 있을 만큼 왔는데
조금 아쉬웠던 옛일
한페이지씩 회상에 잠기어
넘어가는 옛 시간들

커피향의 유혹

거리거리 찻집으로 발걸음 한동안
뜸했던 그리움들과
솔솔 피어나는 유혹의 향기 떨쳐 내기엔
정겨운 시간
따뜻한 커피 한잔 한 모금의 여유

문득 떠오르는 옛 친구 분식집 추억
김이 모락모락 찐빵집에서 투박한 갈색 컵
따끈한 보리차
호호 불고 먹던 재미
순수한 낭만으로 채웠던 자리
어언 세월을 넘어 넘어

이름모를 갖가지 그윽한 차향
수많은 베이커리에 또 깜짝
옛 추억에 곁들인 세월의 맛 무르익어 가는
세월의 향기
창가로 들어온 가을 햇살과 따사로운 눈빛
소박한 이야기
은은한 커피향 퍼져나는 골목길
언덕 위 찻집에서 하루

가을은 무르익어

문앞 가까이 다가선 너
곱기도 고운 색 눈이 부시도록
너도 노랑 나도 노랗게 멈춰 버린
발걸음 문 기대어 한동안 그 자리

가을은 무르익어 산그늘 따라 깊은 산 속으로
한걸음 한걸음 멀어져만 가고
아쉬워 먼 산등성이만 멍하니 한참을 그렇게
자고나면 저만치 또 한걸음 내딛고

안개 지나가고 햇살 따라 발그레 물들여진 산야
내 마음 가을 길 따라 한걸음
들국화 화사한 단풍 뒤에서
배웅의 손짓 엷은 미소 띄우고
사늘사늘 가을 바람에
내려앉는 노란 들국화

새해 마음

새달력 복많이 받으세요
방방곡곡 인사 물결
삼백육십오일 일력 앞에
매일 내려지는 날 골똘이

열두 달 애경사 동그라미 작심삼일
새해 계획짠다
탁상 달력 풍경 정원의 뜰 인사의 댓가
환한 웃음 보내고

미처 기억 속 멀어져 지낸 날
떠오른 얼굴들
빠른 손놀림 안부의 메세지

이 한해 좀더 의미가 있는
좀더 가까이에 두는 마음 가짐
계획선 안에 차근차근 숨죽여 얻길
바라는 화두

들썩들썩 대보름

휘영청 달빛 아래 강강수월래
아낙네 줄지어 고운 한복
너울너울 파도타기
귀밝기 술 한잔에 눈이 번쩍
아주까리 오곡밥 한입 가득
부럼깨자 뚝딱 도깨비 방망이
나간다

불놀이야 어두운 밤 활활
웅장한 연기 속 이글대는 불꽃
매섭게 돌아가는 깡통 불빛
달집 태우기 어화둥둥
색동날개 허리춤에
계수나무 옥토끼 달집 정원
소원 곱게 펼쳐진 밤하늘

반짝반짝 은빛 비춰 내린다
모야모야 윷놀이 대보름 축제
신명나 어깨춤 들썩들썩
입춘대길 봄소식 활짝 열린 대문
새싹 땅내음 맡으며 오는 소리
기지개 활짝 펼쳐 봄을 부른다

꽃구름 피어나는 설맞이

분주한 설맞이 시끌시끌 고소한 냄새
떡메치는 소리에 너도나도
팔 걷어붙이고 기운 쏟아낸다
집집이 굴뚝마다 피어나는 연기 따라
희망의 꽃구름
뭉게뭉게 피어나는 설맞이

어머니 가래떡 뽑아 이시고
손에 든 설빔 색동 꼬까옷
우르르 손잡고 뛰어나가
왁자지껄 마중 소리
마른 가지 위에 꼬리 흔들흔들
새아침 까지들 기쁜 소식

한살씩 더 가지고 새뱃길 색동 꼬까옷 입고
허리춤 복주머니 가득가득 덕담 받아 넣고
재잘재잘 웃음꽃 피어나던 골목길
저 너머 동네에서도 사랑의 냄새
여기까지

강남 갔던 제비

다시 봄 찾아 먼 길 날아온 반가운 봄 손님
시끌벅쩍 짹짹 제비 상봉 한바탕 오갔던 인사
동네 한바퀴 씽씽 비상의 날갯짓

처마 밑 둥지 집에 아기제비 노란 부리
쉴 새 없이 하늘 향해
목 올려들고 먹이 달라 아우성 배고파서
어미새 보고파서
요란한 하루 종일토록 바쁜 어미새

하늘 높이 빙글빙글 제 세상인 양 차오르고
아침 햇살 전깃줄 옹기종기 다정히
온기 나누는 시간
짹짹 하루 시작하는 제비 가족

그때는

천둥벌거숭이 철없던 때
언성은 웬 말 그래그래
웃어주면 다인 것을
어렸던 것에 고마움이

그립고 짠한 건 사람보다
저만치 멀어져간 그리움
약속한 마음 순간순간
강 건너 버린 이쪽저쪽

그 많았던 삶의 향기
어디로 갔는지
알 수 없는 말 어찌 대꾸가
지울 수도 버리지도 못하는
무거워도 안고 가야 되는
소리없는 넋두리
그때는 그때는 가버렸어도

수확의 기쁨

조각조각 이어진 텃밭 풍경 퍼즐 맞춰
그림 펼쳐놓은
이랑 따라 오밀조밀 풋풋한 싱그러움
서리맞은 입동 배추 가짓것 맛든 샛노란 속살
찬바람 햇살 아래 파릇파릇 잎사귀마다

가랑잎 날아들어 배춧잎 사이사이 꼭꼭 숨어
감춰진 보물찾아 헤메던 그때처럼
툭툭 털어내 뽀드득 뽀드득 배추 가르는 소리
연거푸 입모아 달콤한 맛자랑
찬사가 퍼져나가고 벌써 입맛이 돈다

겨우내 아작거리는 맛 시원한 김치 곁들인 성찬
수확의 기쁨 콧노래가 바람결 몸 속까지 찬 기운
움추려든 어깨
따뜻한 차 한모금의 온기 온몸 사르르 녹여든다
가을걷이 다한 빈자리만
따뜻한 새봄날에 남겨둔 마음

아픈 하늘

물기 잔뜩 먹은 먹구름 서서히
아침부터 서성이며 하늘만
겪어보지 못했을 만큼
얼마나 많은 비가
얼마나 아프게 하고 갔는지
바라던 만큼 햇볕 주시고
바라던 만큼 촉촉히 내리는 비

노심초사 간절한 소망
내려보고 하염없이 올려보고
하늘 하고 마주하는 운명
애가타 흐르는 눈물
원망도 한숨도 주저앉아
말없이 멍하니
다시 일어서라 힘 주신다

하늘도 아팠을 것을
먹구름 지나 몽실몽실
피어나는 솜털구름
온통 싱그러운 아침
혜안의 눈으로 아파했을
하늘을 바라보면서
와중에 꽃은 왜 이리 이쁜지

너의 그림자

그림자 따라 뜀박질 이리저리 붙잡으러
오지말라 내뺀다 여기저기 웃음소리

요술쟁이 조종사 햇님 뜨거운 한낮
볕살 아래 그림자 찾기 숨찬다

너의 그림자 나의 그림자
소리없는 무희들 춤 무언의 동작 숱한 감정
아득히 저 너머 잡지 못한
너의 그림자

눈 내리던 날

밤 사이 아무도 모르게
온 세상 하얗게 장독 위에도 소복소복
동심들 힘 모아 왁자지껄
눈송이 굴리는 소리
커다란 눈사람 어른키 만큼 세워놓고

숯덩이 검은 눈썹 수수깡 콧날 세워
선그라스 폼나게 올려걸고
멋쟁이 모자 쓴 하얀 겨울 신사
눈사람 눈손님 반갑게 악수해

골목마다 눈사람 웃고 있더니
포근한 겨울 가버린 눈사람
꼬마들 눈사람 언제 오려나
기다려진다 다시
그 겨울 동심으로

낙엽 자리

만추의 바람 차가운데 퇴색한
나무의자 홀로
쌓여진 낙엽 폭신히 권해주는 빈자리
붉은 단풍잎 따스한 온기 사르르
마음 녹여지고 쉬어가는 자리 기대어
따뜻한 물 한잔 나누니 좋다

마른 낙엽 사그락 사그락
한잎두잎 또 쌓이고 쌓여
또 다른 당신의 자리
단풍잎 바람에 실리어
우수수

가을바람 타고 높이높이 날아
가을을 남기고 저 혼자

5부

오래된 벽돌집

사제의 마음

그리스도 제자되시어 세속의 무게 껴안고
위로의 기도 사랑의 전달자
좁고 긴 험한 길 대신해 수단 끝자락에
발자국마다 스민다
건강 걱정 신호탄 지닌 체
인자한 너그러운 웃음 강력한 강론의 에너지
감동이 밀물처럼 정신이 번쩍
자상한 원로 성직자님

미사에 초대된 죄인 감사의 두 손 모으고
고개 숙인다
제 십자가 탓하지 않고 거양성체에 맡겨진 영혼
새 힘 받아 새 생명으로 탄생 초대받은 기쁨
영원한 그리스도 제자
검은 수단에서 내려지는 거룩한 빛 그림자
사제 서품식 울림의 행복
빛 따라 가는 길 은총의 기쁨
젖어드는 감사의 마음 이루 금할 길 없어

성모성월

오월 푸르른 뒷산 새하얗게 피어난
아카시아 꽃향기
사뿐이 퍼져내린 성모 동산 곰곰이
깊은 기도의 시간
온전히 천지 빛 품은 성모 대사가
눈앞에 쿵쾅쿵쾅

머나먼 길 홀로 외로이 걱정 반
구불구불 언덕길 따라
위로자 두 팔 벌려 숭고한 기다림 포근히 안기어
긴 안도의 한숨
고운 처녀 수정처럼 아름다워라
떼쓰는 철부지 전구에 전구

그대로 받아 주고마는 자애
장미꽃 송이 뿌려놓은 카펫
즈려밟고 오소서 아름다운
오월엔 더욱
성모님 성모님 애가 타도록 기다리는 마음
천상의 어머니 우리 어머니
아카시아 꽃 속에 비쳐진
영원한 나의 마돈나 성모여

베들레헴 향하여

침착하게 베들레헴 향하여
찬란한 환희 따라 찾아 들어선 땅
어두운 밤 아기 울음소리 들리는 듯
초대받지 못한 성가정
눈길주지 않던 마굿간 찾아
머지않아 놀랍고 경이로운 사실이 눈앞에
서서히 탄생의 서막은 다가오고

푸른 망토 위에 쏟아져내린 은총
두 손 모아 이루어낸 자애
원자 품에서 깨어나
만방에 평화의 임금님 자리
어머니 마리아 아기 예수 조용히 지켜주는
요셉 아버지 그곳에 계시어
숭고한 역사 읽어내려 간다

조용히 눈을 감고 그렇게 큰 별을
사랑의 선물로
모두가 모두에게 그려넣은 아멘 했던
그대로 이루어냈던 밤
노엘노엘 거룩히 외쳐 부르던 성탄 이브의
아름다운 날
온화한 베들레헴 빛은 흘러
꺼지지 않는 영원한 등불
은총의 빛 가슴 가슴안에

환송식 날

믿음으로 함께했던 시간
새로운 임지로 떠나는 날
섭섭한 마음 못내 아쉬워
하루하루 다가온 이 날이 환송식
헤어지고 만나는 날

거듭거듭 불혹의 해
넘겼건만 첫마음 그대로
담담히 무거운 마음 대신
기도로 손 흔듭니다

섭섭한 마음 채 가기도 전
반갑습니다 꽃다발 환영 인사
함께할 새 목자님 손님맞이
한날 기쁨이 허전이 교차한
익숙해진 날
촉촉한 마음 빗속을 걸으며

- 임현택(토마스) 신부님 환송식에 즈음하여

바티칸 대성당

천지창조 놀라운 구약시대
희망 슬픔 얼룩진 애환
재림의 큰 선물 신약 말씀
정의 평등 사랑의 구원자
동방박사 세 사람 찾은 별

열두 제자 손잡고 거침없이
바리 사이 뿌리쳐
시대의 거장 말씀 있어
숱한 어려움 검은 그림자
순리로 진리로 십자가로

교회의 완성 베드로 대성당
첫 제자 베드로 천국 열쇠
말씀 정신 오롯이 받들어
늠늠한 기백 하늘 높이
승리의 상징 중심에 내려져
은빛 지붕 위에 눈길 멈춘다

피 정

나를 찾아 마음 먼저 뛰박질
벽치고 쌓여버린 내 안에 갇혀진
죄 씻겨 내어버릴 시간
다가온 피정 미완성 인생 여정
한 점 한 획 작으나마 강력한 에너지

응어리진 속앓이 눈 꼭 감고
충전의 시간 안으로 두 팔 접어 감싸 안는다
매듭지어 묶여버린 타래 풀려고 풀어져라
간절히 얽어진 복잡한 속세의 탈

내 탓으로 내 탓으로 꾹꾹 눌려야 했던
터져버린 아픔
파인 가슴골 메우려 먼 길 돌아
도래한 이 자리
내려놓자 마음 잡고보니
이미 반은 벗어 버리고
새로운 공기 가득 채우기로

크리스마스에

도화지 접어 별 사슴 썰매
그리다 지우고 여러번
반짝이 가루 솔솔 성탄카드
산타 할아버지 만나는 날
거리거리 캐럴송 들떠서

이브에 하얀 눈길 달콤한
아이스크림 건배 브라보 즐거운 거리
반짝이 꼬마전깃불 줄 잇고
트리 구유에 누운 착한 아기
놀라운 탄생일

모두 모여 경배 시간
성탄성탄 합창 노래해
서로에게 수호천사 마니또
아낌없는 사랑의 선물
불 밝혀 메리 크리스마스
이 밤 오로지 당신 앞에 어린 양

갈릴래아 호수

이스라엘 공생활 한가운데
아늑한 호수 옆 가파르나움
혼인 잔칫날 놀라운 첫 기적
갈릴래아 전설이 흘러흘러
모랫바람 버스럭 버스럭
발가락 사이로 모래알
그리스도 걷던 숨 쉬는 길

살며시 내 발자국 찍고
첫 제자 순명이 깃든 곳
고기잡던 어부 말씀 따라
그물 가득가득 놀라운 기적
이천년 흘러온 지금도 가슴
두근두근
숲속 새소리 어느 것 하나
하나 모두가 떨리는 마음

푸르고 푸른 잔잔한 호수
갈릴래아 호숫길 걷는다
분명 꿈은 아닌데 꿈꾸듯
저 나자렛쪽 하늘 바라보며
호숫가 한 걸음 한 걸음 숨죽여
무거운 마음 고요히 내려놓고
담담히 걷는 길

재의 수요일

재 이마 위 십자가 성호 얹고
깊어지는 영성 사순시기
이승저승 헤메시다
눈 감아 버리신 어머니
흙에서 왔다 흙으로 가신 날

당신 앞에 닥쳐온 숙제들
기탄없이 척척 다하신
이밤 오로지 여한없이
당신 영복만을 위한 임종의 밤

못다 한 참회의 시간
재의 수요일 사순 첫날
더 그립고 보고 싶은 어머니
떠나계셔도 성모님 걸으신
꽃길 따라 걸어 보세요

우곡의 숲

깊은 골짝 산허리 안개 내려
긴 고을 무릉도원
구름 걸려 한 폭의 동양화

바람결 계곡 물소리
흰 망초 노란 나리꽃
청정 기운 다 받아
소박한 웃음 지으며 반긴다

가신 님 넋 달래어
고요한 우곡의 숲
침묵의 비 칠극 앞에서
발길마다 에이는 마음

진통을 이기고

숨 죽였던 긴 시간 역병은
제 세상이라도 왔는가 혼란스러워
이리뱅 저리뱅 싱숭싱숭 긴 한숨
봄꽃은 저 홀로 피고지고 피고지고
꽃향기만 바람 따라 구름 따라
마음 혼자 꽃 속에서 놀다온 슬픈
꽃 이야기

문턱 너머로 들려오는 왁자한 봄노래
삼년 진통 훌훌 벗어버린 새봄
돌아온 예전에 봄 나들이 꽃 구경가자 손잡고
꽃송이만큼이나 수많은 꽃손님 들길 따라
사박사박 이어지는 발걸음

산으로 들로 생전 처음 가보는
꿈에 그리던 길처럼
길게 앓았던 진통 이겨낸 그대
그대는 영웅
꽁꽁 덮어버린 마스크 안녕 안녕
서로에게 박수 꽃들에게 나에게
부활을 찬송하는 합창소리
대지 위로 흘러 내린다

오래된 벽돌집

고요가 깊게 젖어든 그 집
두꺼운 벽 오래된 힘이
단정히 마음 가다듬어 주고
가까이 한 걸음씩 조심스레
수도원 고요한 숲속 길
새소리 맑게 들려오고
오롯이 당신만을 위하여
매일 숙명의 길

소리도 없이 떨어진 폭신한
가만가만 솔잎 밟으며
은은히 들려오는 종소리 맑아진 영혼
무릎 꿇고 묵상의 시간
붉은 벽돌집 사랑의 숨결
뒤돌아 보며 저 멀리 두고온
사랑 가득 품은 거룩한 집

무인도

오늘은 심부름으로 외출 내일은 차 한잔의 약속
활발하게 바쁘던 매일 계획된 시간 충만했던 날
요상한 바이러스 위력 돌아서보면 널뛰기 저만치

어느새 다시 등 뒤에 긴장의 연속 거리두기
흩어지면 산다는 역설적인 아픔 아프다

옹기종기 모여사는 동네 한뼘 담 사이
천리 먼 사람 보듯 초라한 골목길 허전한 마음
서로를 지키는 미덕 끄덕끄덕 바라볼 뿐
어쩌다 마주친 한 사람 말 없이 스치는 무언의 섬

문제의 해법 찾아 2020 무한히 달린다
평화로운 긴장 간간히 귀를 깨우는 카톡카톡
까꿍 소리 눈을 뜬다
벗어 나고픈 무인도의 구속 순조로운 일상
평온했던 제자리 찾아
오늘도 내일도 기다리는 날

이공이공 불청객

웬 초대받지 않은 타인
사방 조바심의 연속
오만가지 일련과 쉼 없이
다가오는 긴장속 어수선한
지금 이 시간 불청객은 호시탐탐

미운 바이러스 괜스레
난리치고 떠돈다 숨이 막혀
소리없는 전쟁 언제까지
벼랑 끝으로 사라져 발 붙이지 못하게

고까짓 것 없으면 살겠네
저 멀리 올 수 없는 지옥불 속으로
이공이공 코로나19 넌 넌 그랬으면 그랬으면
어서 빨리 사라지기만을

봄에서 희망을

봄은 여느 해와 다름없이
보라색 자스민 진한 향기
연분홍 사랑초 곱상스레 피어올라
화사한 벚꽃 가지에도

마음은 어디에 서 있는지
꽃들은 자연의 섭리로
아무 일 없이 방긋이 피어
무겁던 마음이 꽃들 앞에서
희망을 보는 순간

알 수 없는 바이러스 꼼짝없이 묶인 채
꽃보다 아름다운 사람
자연 앞에 작아진 존재인 것을
울려퍼진 비발디의 사계가 들릴 듯
경쾌한 리듬 타고
오직 행복 바이러스 만이
우리 곁으로 우리 곁으로

다시 문학의 길로

열다섯 문학 소녀 꿈꾸던 설레는 마음
다시 그 시간 펼쳐진 문학 카펫 아 좋아라
헤밍웨이 톨스토이 셰익스피어
두근두근 감격의 이름들 문예 사랑에
빠져 든다

둥실 떠 있는 영혼 지긋이 눈 감고
오랜 시간 거슬러
아이들 짝 만나 빈 자리 둘만이 고요한 자리
이제사 백지 위 글동무 곁에 두고
새로운 문학의 그리움 찾아

어깨춤 으슥으슥 들뜬 어린 아이
시상 만나러 흥겨운 여행
누런 책갈피 추억의 향기 솔솔
오래 기다렸단 듯 포옹해
다시 문학의 길로 가는 여정

문예비전 첫날에

쾌청한 가을
문예인 자리 감사 마음 기쁜 마음
선생님 따라 전철 버스 타고
새 사무실 가는 길목
초면에 문인님 첫 인사
등단 신인 입주실 첫 모임

갈아타기 왕복 열 번 길 위에
반신반의 순조로워
수월히 갈아타기 빨리 난 자리 연결선
웬일 놀랍기만 해
친절한 이웃 덕에 급행선 타고
잘못 찾은 출구 제대로다
차타기 좋은 버스정류장 앞 문예비전 초행길
배려의 여신이라도

해박 유머 지혜 박식 문인 자리
등단 신인 희망에 찬 하루 행복했던
문예비전 울타리

작가의 발걸음

인연들 찾으러 성큼성큼 걷듯 뛰듯
먼 발치서도 한점 더 보고 배울 요량
고스란히 엮어 담은 오래된 노트 열려질 때까지
뜨거운 열정 발걸음의 수고

쉼 없이 써 내려가는 삶의 현장
울리기도 하더니 웃음도 주고간 주인공
지녀온 사연 한편의 드라마
외로움이 온다해도 순례자가 되어준
희망 때문에 살아지는

배경 속 무대에 기대어 다양한 시간은
흘러흘러 한 발짝 한 발짝씩 떠나온 자리
묵묵히 책 갈피 안에서 숨 쉬고
잠시 쉬어가려 펜을 놓고 휴식 중
다음 정거장을 향하여

나와 문학

마주친 하얀 목련꽃
여전히 설레이는 그 이름 문학 소녀
꽃나무 아래 갈피마다 꽃잎 한 장씩
옛 생각에 멈춰진 발걸음
소중한 사람들과 인연 잊혀질까
한 페이지씩 써 두었던 일기장

밤 이슥도록 들려주시던
할아버지 고전 읽는 소리
선명히 더 강하게 다가왔던 문학의 날갯짓
서서히 꿈을 향해 깊어져간 새내기

아장아장 한 걸음씩 조심스럽게 다가서서
떨리는 손 쓰다가 지우고 생각에 생각을 더하여
곰곰히 글 다듬어 백지 위에 그려넣은
한 편의 시 나의 재발견
사랑과 꿈을 오롯이 담아 미지의 세계로
떠나가보는 나그네

김순향 시집

피어나라,
피어나라

1쇄 인쇄 / 2023년 7월 1일
1쇄 발행 / 2023년 7월 10일

지은이 / 김순향
펴낸이 / 김주안
펴낸곳 / 도서출판 진실한사람들
주소 / 경기도 하남시 미사강변서로 25, 926호
(미사테스타타워)
Tel / 031-5175-6210
Fax / 031-5175-6211
E-mail / munvi22@hanmail.net
등록번호 / 제300-2003-210호
ISBN / 978-89-91905-82-5